AF745863

ख़लिश

कुछ मुक़म्मल कुछ अधूरा सा ...

Archna Yadav

BookLeaf Publishing
India | USA | UK

Made with ❤ on the BookLeaf Publishing Platform
www.bookleafpub.in
www.bookleafpub.com

Dedication

मेरे जीवन की प्रेरणा मेरी माँ के लिए, जिनकी याद सदैव मेरी पथप्रदर्शक रहेगी। पापा जी के लिए जिनके लेखन से प्रेरित होकर, मैंने लिखना शुरू किया।

Preface

यह कविता-संग्रह मेरे जीवन के कमरे में उस खिड़की कि तरह है, जिसके ज़रिये झांक कर पाठक मेरे बचपन से लेकर उन प्रसंगो को जान सकते है जो मुझसे बहुत गहरे तक जुड़े हैं।मेरी माँ पर लिखी इस किताब कि पहली कविता "प्रेयसी" उनके साथ और उनके बग़ैर गुज़र रहे वक़्त को बताती हैं तो वहीं "तंग सीढिया" आपको मेरे बचपन में ले जाएँगी। कविता "निर्भया" आज के हालत में महिला सुरक्षा पर एक तंज़ है।

जीवन के तमाम एहसासत को मैंने कविताओं के ज़रिये कहने का प्रयास किया है।

Acknowledgements

इस किताब को लिखने में मेरी सबसे बड़ी प्रेरणा मेरी माँ हैं । साथ ही लिखते समय मुझे मेरे हमसफ़र (पति) राम का सहयोग मिला उसके लिए उन्हें ढेर सा आभार और प्रेम। इस जीवन के सभी सुखद-दुखद अनुभवों के नाम ये किताब।

1. 1st Preyasi

<u>प्रेयसी</u>

सुनो माँ, तुम्हे याद कर
मैं जी भर रो नहीं पाती
याद तुम्हारी केवल कुछ पल, कभी नहीं आती।
जब आसूं की लकीर बनी तुम
आँख से मेरी रिसती हो
धीमे -धीमे भीतर मेरे
और अधिक तुम बसती हो
तुमको खुद में ही यूँ पाकर
मैं तुमसे ही मैं हो जाती।
माँ, याद तुम्हारी केवल कुछ पल, कभी नहीं आती।
ये देह भले ही छोड़ी तुमने
पर कहाँ जा सकी मुझे छोड़कर
हाथों की नरमी, आँखों की करुणा
सीख तुम्हारी, रूप तुम्हारा
गुस्सा, नख़रा, साहस, धैर्य
ये सब कुछ मेरे साथ है चलता
थोड़ी-थोड़ी छाप तुम्हारी अक़्सर मैं अपने अक्स में पाती।
माँ, याद तुम्हारी केवल कुछ पल कभी नहीं आती।
एक बार तुम में सिमटना चाहती हूँ

लिपटकर खूब सिसकना चाहती हूँ
दुनिया, दर्पण, रिश्ते जब कुछ नहीं भाता
तेरी मुलायम धूप- छाँव में बीता बचपन याद है आता
हाँ, जीवन है सब कुछ निरंतर यूँ ही चलता रहता
पर केवल तुम ही मुझ में सदैव स्थायी रह जाती।
सुनो माँ, तुम्हे याद करमैं जी भर रो नहीं पाती
याद तुम्हारी केवल कुछ पल, कभी नहीं आती।

poem 2. 2nd Gumshuda Dairy

गुमशुदा डायरी

पहले प्रेम सी मेरी पहली डायरी गुम है
जिसमें दर्ज़ हैं, मेरे मैं बनने के कई प्रमाण
कच्ची- पक्की पहली कविता, कई सपने कई अरमान
गहरे सब्ज़ रंग कि ज़िल्द पर हल्के गुलाबी फूल बने थे
शायद गुड़हल या गुलाब कुछ साफ़ याद नहीं आज।
पर याद है, कि मेरे कमरे में किताबों के बीच
उसने अपनी जगह बना ली थी
कितनी ही उन्मुक्त इच्छाएं पन्नों बीच छुपा ली थी
उनमें से कुछ केवल इच्छाएं ही बन सिमट गई
कुछ निश्चय कर मैंने पूरी करने कि ठानी थी।
धीरे-धीरे डायरी के सफ़ेद पन्ने हल्के ज़र्द पड़ने लगे
रोज़ नहीं पर, सुख दुःख की पराकाष्ठा पर अक्सर हम मिलने लगे
उसके ज़र्द पड़ते पन्ने ज़रूर कुछ नाराज़ थे मुझसे
शायद कहे बिना ही पूछ रहे हों जैसे

2. 3rd Roshan Hathliyan

रोशन हथेलियाँ

दुखते-तपते माथे को कभी
या सिर को मेरे प्यार से सहलाती थीं।
पापा की वो गुलाबी-गुलाबी रोशन हथेलियाँ
कितना स्नेह, कितनी हिम्मत
बस एक स्पर्श में दे जाती थीं।
वो गुनगुनी सी गगद्देदार हथेलियाँ
मेरे लिए लाड़-प्यार की परिभाषा थी
उन हथेलियों की भी अपनी सरल सी भाषा थी।
उनके होने से मैं निर्भय थी
जीवन में स्वच्छंद एक आशा थी
रोशनी से अपनी जीवन मेरा जगमगाती थी।
पापा की वो गुलाबी-गुलाबी रोशन हथेलियाँ
कितना स्नेह, कितनी हिम्मत
बस एक स्पर्श में दे जाती थी।

4. 4th Tang Sidhiyan

<u>तंग सीढियाँ</u>

जब भी मेरा जी आज से घबराता है
मन मुझको बचपन के पुराने घर ले जाता है ।
जहाँ दोहरी चौखट के भीतर, सुकून बहुत ही विस्तृत था
माँ कि बुनी झालर से, घर- द्वार सदा सुसज्जित था ।
घर में प्रवेश पर दो विकल्प मिल जाते थे
एक घर के भीतर, दूजा सीढ़ियों से ऊपर ले जाते थे
सीढ़ियों से ऊपर दो मंज़िल बनी हुईं थीं
पर जाने क्यों मैं उन सीढ़ियों पे अटक गयी थी ।
मेरे घर कि वो सीढियाँ, थोड़ी तंग थीं
जिनसे होकर, मीठी-मृदुल हवा आती थी
जो भी घर में दाख़िल होता उसको को छु जाती थी।
सीढ़ियों के आगे छोटा सा आँगन था
लाल रंग कि सीमेंट से बना मेरा आँगन
न जाने वो हवा थी या लाल रंग का असर था
सब कुछ साधारण, फिर भी कितना आनन्द था ।
वो तंग सीढियाँ मेरी सखी सी थी
कितनी बातें मैंने ख़ुद से बैठ वहां कि थी
एक सीढ़ी को मेज़ बनाकर मैंने
पहली कविता भगत सिंह पर वहीँ लिखी थी ।

अब वो सीढियाँ, मेरी याद में केवल बाकी हैं
पर मुझको बचपन तक मेरे सीढ़ी दर सीढ़ ले जाती हैं
जब भी कभी बोझिल होकर थक जाती हूँ
ख़ुद को उन सीढ़ियों में बैठी मृदुल हवा में पाती हूँ।

5. 5th Patan

पतन

कल तक जो पत्ता पेड़ की ड़ाल पर था
आज पीला हो शाख़ से अलग ज़मीन पे आ गिरा।
उसे उठाकर पढ़ने को जी चाहा
जिस तरह हम सबकी लकीरें लिखी हैं
शायद इसकी तक़दीर भी तो इन ज़र्द लकीरों में नहीं ?
टूटा -सूखा पत्ता उठाया अलट- पलट कर देखा।
पत्ते पर पड़ी रेखाएं उस स्त्री के चेहरे से मिलती थी
जिसने अपना सर्वस्व दूसरों पर न्यौछावर कर दिया
और मुरझा गया उसके भीतर का जीवन।
झुलस गयी रिवाज़ों की आड़ में महत्वकांशा
नाशुक्रे रिश्तों ने लिल लिया सौंदर्य और यौवन
और हताश हो स्वीकार लिया उसने
इस पत्ते की तरह अपन अपना पतन।

6. 6th Nirbhaya

<u>निर्भया</u>

सुना है हर शहर में कुछ दरिंदे रहते है
इंसान की शक़्ल में जिस्म नोचते हैं वो
तो शाख़ पे बैठे कुछ उल्लुओं ने एक परवान भेजा
कि कुतर दिए उन जिस्मों से पंख जो उड़ना चाहते हैं
पोशीदा कर दी जायें उनके हिस्से कि जगमगाहट
और तय कर दिए जायें उनकी आज़ादी के घंटे
ताकि महफ़ूज़ रहे उनकी आबरू और दबा रहे वजूद
पर तभी बुलंद आवाज़ उठी और अँधेरे से निकली एक लड़की ने पुछा
मैं सिर्फ जिस्म नहीं इंक़लाब हूँ, हिफाज़त हूँ खुद की सैलाब हूँ,
मैं नहीं डरने वाली इन अंधेरों से
जो रोशनी के नाम पे हमें बहलाकर यूँ आग में झोंक देते हैं
और मेरे आँचल का लिहाज़ वो क्या करेंगे
जो आँखों से नंगा कर देते हैं।

7th . 7th Tumhare liye

<u>तुम्हारे लिए</u>

जो कह कर हाथ थामा था तुमने, याद है मुझे
भरोसा दिलाया था की हमकदम बन साथ चलेंगे अब।
हालाँकि तय कर चुकी थी मैं, की अकेले ही चलना है मुझे
पर ना जाने क्यों, तुम्हारा कहा यूँ मान लिया
पल दो पल में ही जैसे तुमको युग भर जान लिया।
साथ तुम्हारा पाकर जाना, मैं कितनी एकाकी थी
याद है ना ! तुम्हें समर्पित एक कविता लिख डाली थी।
नये उजाले, रंग-खुशबु राह में मेरी बिखरने लगे
बारिश-बहार भी मुझको अब अपना सा समझने लगे।
आखों की मायूसी काजल बन गयी
सुख की परिभाषा केवल तुम तक सिमट गयी ।
लम्बा है सफ़र उतार-चढ़ाव भी आयेंगे
लेकिन खुद कि "मैं" को खो कर, हम एक-दूजे को पायेंगे
शर्त यही की, इस "मैं" को मिलकर महफ़ूज़ यूँ रखें
ना तेरा ना मेरा बस जो भी हो, वह हम ही रखें।

8. 8th Premsudha

<u>प्रेमसुधा</u>

आज कि बारिश कुछ ऐसी है
जैसी उस दिन बरसी थी
मैंने हर वो बात सुनी थी
तुमने ख़ामोशी से जो कह दी थी।
बादल-बारिश कि तरह साथ थे हम
एक-एक बूँद से तर होते कितने पास थे हम।
तन भीगा मन भीगा
बारिश से उस दिन कितना कुछ सीखा
धुंधले-धुंधले उस मौसम में
कैसी ज़ोर कि बिजली कड़की थी।
आज कि बारिश कुछ ऐसी है
जैसी उस दिन बरसी थी।
शायद अंबर भी मना रहा था
अपनी प्रिय इस धरा को उस दिन
रुष्ट धरा पर प्रेमसुधा यूँ ही नहीं बरसी थी ।
सात रंग अंबर को भेज धरा ने, फिर अपना प्रेम स्वीकार किया
मन कि गहरी बात धरा कि, ककू- कू कर कोयल ने कह दी थी ।
आज कि बारिश कुछ ऐसी है
जैसी उस दिन बरसी थी।

9. 9th Buzdil

<u>बुज़दिल</u>

बात बस, सच भर कहने कि थी
बुज़दिली ने तेरी पर, तमाशा बना दिया।
मैं तो मशग़ूल थी मोहब्बत में तेरी
और तू करता रहा तोहमतों का इंतज़ाम
हर तमन्ना को मेरी तूने यूँ ख़ाक में मिला दिया
बुज़दिली ने तेरी तमाशा बना दिया।
खंजर पे मरहम रख रही थी मैं
उफ्फ़! ये क्या जुर्म कर रही थी मैं
जिस तरह, मौत को अपने सिरहाने बैठा लिया।
बुज़दिली ने तेरी तमाशा बना दिया।
जहाँ हर्ज-मुनाफ़ा गिनाया जाये
वहां दिल हरगिज़ ना लगाया जाये
कमज़र्फी ने तेरी, हाँ एक सबक़ सीखा दिया
बात बस, सच भर कहने कि थी
बुज़दिली ने तेरी तमाशा बना दिया।

10. 10 Wahshat

वहशत

तेरी वहशत अभी तुझ पे हावी है
आँख खुलने के बाद, वक़्त निकलने के बाद
समझेगा तू क्या था, और क्या नहीं अब तेरे पास
हाँ, गुज़रता वक़्त सब कुछ भूला भी देता है
पर जो बीता है उसकी कहानी जरूर कहता है
किसने दिया धोखा, कौन था गुनेहगार
और किसने पिकर ज़हर भीफ़र्ज़-ए-वफ़ा अदा किया
पर तेरी वहशत अभी तुझ पे हावी है।

11. 11th Do Dafa

<u>दो दफ़ा</u>

बिछड़ के फिर मिले तुझसे,और फिर बिछड़ गए
तुझसे जुड़े जो मसले थे,अब सब सुलझ गये।
मैंने एक तस्वीर बना रखी थी, तस्सवुर में तेरी
जब फ़ितरत तेरी देखी तो, सब रंग उतर गये
तुझसे जुड़े मसले ,अब सब सुलझ गये।
पहले जुदा हुए तो लगा, क़िस्मत की मार थी
जब चालें तेरी देखी तो, हम सब समझ गये
तुझसे जुड़े मसले, अब सब सुलझ गये।
बहुत भटके धुंधली राहों में तेरा इंतज़ार किया
पर जब राह तेरी छोड़ी तो हम मंज़िल पहुंच गये
तुझसे जुड़े मसले, अब सब सुलझ गये।
बिछड़ के फिर मिले तुझसे,और फिर बिझछड़ गए
तुझसे से जुड़े जो मसले थे,अब सब सुलझ गये।

12. 12th Wo ek Shaqs

वो एक शख़्स

जब दिल उदास होता है बेक़रार होता है
और कुछ सुकून चाहता है
वो एक शख़्स, बहुत याद आता है ।
यूँ तो ज़ामाना हुआ उस से बिछड़े
ना उस से ऐसे वादे थे, के फिर से मिलते
पर दिल जब तन्हा होता है,उसे क़रीब पाता है
वो एक शख़्स, बहुत याद आता है ।
ना वो कुछ बोला कभी ,पर कितना कुछ कह गया
क्या था उसके बिन कहे भी,मैने यूँ जो सुन लिया
गर दिल में वो था नही,तो क्यूँ ख्याल आता है
वो एक शख़्स, बहुत याद आता है ।
ना कोई ताल्लुक है उस से ना कोई पहचान है
शक़्ल उसकी वो हर अंदाज़,मुझको क्यूँ फिर याद है
ना हो कर भी उसका होना, क्यूँ जी को भाता है
वो एक शख़्स, बहुत याद आता है ।
दूसरों से ज़िक्र उसका सुन के अच्छा लगता है
मैंने पूछा नही पर सुना है, इसी शहर में रहता है
पर क्या उसके घर का रास्ता, मेरे घर तक आता है ।
वो एक शख़्स, बहुत याद आता है !

जब दिल उदास होता है बेक़रार होता है
कुछ सुकून चाहत है वो एक शख़्स बहुत याद आता है ।

13. 13th Bhram

भ्रम

सड़क पर यकायक
एक ज़ोर की एकाकी गूँज में
रिदम से बजती ताली सुनाई दी।
मेकअप से लिथड़ा चेहरा और
चमकीली साड़ी में लिपटा दिखा एक किन्नर
हाथ फैला कर मांग रहा था वो
अपने और दूसरो के बीच भिन्नता का मुआवज़ा।
कुछ दुत्तकारते तो कुछ पिठ पीछे खिसयाते हैं
असहज हो जाते कथित सभ्य लोग
यदि आसपास इन्हें वो पाते हैं।
पर न जाने क्यों फिर वे भी
हम जैसा ही रोते और मुस्काते हैं।
संघर्ष आवश्यक है कर्मभूमी में बने रहने के लिए
अपनी ताली के ज़रिये वो किन्नर बता रहा था
न जाने वो ख़ुद में डरा हुआ था, या डरा रहा था
स्वयं को सब जैसा ही होने का खुद को भ्रम दिला रहा था।
दोगला समाज ही दोषी है जो इन्हें नहीं अपनाता है
हर कोई अस्तित्व पे इनके सवाल उठाता है
जीवन आरम्भ में भी किन्तु, आशीष इन्हीं से चाहता है।

14. 14th Mera Shaurya

मेरा शौर्य

तेरे मासूम चेहरे के उजाले से मेरा चेहरा चमकता है
मेरे घर का हर कोना, तेरे होने से चहकता है।
तू मेरा सुकून है, कुछ भी कर गुज़रूँ वो जूनून है
मेरी आशाओं का वृक्ष तेरे होने से बहुत घना है।
मेरे शौर्य, मैंने तेरे लिए एक सपना बूना है
स्वास्थय, सुख और धन से अधिक है ये सपना
मैं चाहती हूँ
तू सड़े-गले ढ़र्रे पर दौड़ती ज़िन्दगी का ना शिकार बने
इस गूंगी सत्ता को हिला दे, वो निडर आवाज़ बने।
प्रदुषण रहित, तू शुद्ध महकती हवा में सांस ले
तेरे अरमान हालत की भेंट कभी ना चढ़ें।
तेरी उपलब्धियों पे आलोचक भी नाज़ करे
सच्चा रहे-अच्छा रहे, ज़मीर तेरा कभी ना मरे।
तेरे जीवन में प्रेम आये, बहार हो श्रृंगार रहे
स्त्री को केवल देह ना समझे संगिनी कहे सम्मान रहे।
सूरज सा दमकना ,नित नए सपने गढ़ना
पर किसी मजबूर को कुचल कर कभी मत बढ़ना,
मेरा ये सपना इस विचित्र समय में कुछ ज़्यादा है
जो हालत बदल दें, सही सोच में वो पक्का इरादा है।

देती हूँ यही आशीष तुझे, की ये सपना सच हो जाये
और मैं जब भी जन्मूँ, तू ही मुझको माँ कह के बुलाये।

15. 15th Uljhan

<u>उलझन</u>

एक ख़्वाब सा सुनेहरा सीने में अब है पलता
पर जो आँखों में जल रहा है
कुछ तो है।
कितनी है तेज़ हर पल
रफ़्तार-ए-ज़िन्दगी, पर मुझ में जो थम रहा है
कुछ तो है।
हर पल मेरी मोहब्बत उसपे, बढ़ती ही जा रही है
पर अब वो जो आखें बचा रहा है
कुछ तो है।
एक ख़्वाब सा सुनेहरा सीने में अब है पलता
पर जो आँखों में जल रहा
कुछ तो है।

16. 16th Afrathafri

<u>अफ़रातफ़री</u>

हर सिम्त एक कोलाहल है ख़ालिस
एक अफ़रातफ़री मची हुई है
लोग तो ज़िंदा दिखते हैं
पर क्या ज़िन्दगी बची हुई है।
चेहरे सबके हँसते दिखते
बाहें फैला कर गले हैं मिलते
पर नकली मुस्कानों के पीछे
दिल कि हक़ीकत छुपी हुई है।
एक अफ़रातफ़री मची हुई है।
उलझनें शिकायतें बची हैं बस
ख़ुद में भी कश्मकश चल रही है अब
नफरत-बेईमानी में रस्साकशी चली हुई है
एक अफ़रातफ़री मची हुई है।
रहम, इंसाफ सब नदारद है
सबको ख़ुदा हो जाने कि चाहत है
लूटती हैं अस्मतें, ज़ख़्मी है रुह
इन्सां पे इंसानियत कि लाश लदी हुई है।
एक अफ़रातफ़री मची हुई है
हर सिम्त एक कोलाहल है ख़ालिस

एक अफ़रातफ़री मची हुई है
लोग तो ज़िंदा दिखते हैं
पर क्या ज़िन्दगी बची हुई है।

17. 17th Hamari Sham

<u>हमारी शाम</u>

धुंधली-धुंधली चादर तानी
कोसी सी ठण्ड लगे सुहानी,
शाम ढ़ले ही हो जाती है
फुर्सत कि कुछ यूँ तैयारी,
ये शाम बड़ी ही लगती प्यारी।
लचकती शाखों पर आ जाते
शाम ढ़ले सब पंछी प्यारे
कू-कू कर कोयल ने भी कर ली तैयारी
ये शाम बड़ी ही लगती प्यारी।
राहत कि अब कुछ सांसें है आती
प्यालों में है चाय छलक जाती
आओ बैठे पास ज़रा अब
मुझे तुम, तुम्हे मैं सुनु बारी-बारी।
धुंधली-धुंधली चादर तानी
कोसी सी ठण्ड लगे सुहानी,
शाम ढ़ले ही हो जाती है
फुर्सत कि कुछ यूँ तैयारी,
ये शाम बड़ी ही लगती प्यारी।

18. 18th Chand si ladki

<u>चाँद सी लड़की</u>

इस दफ़ा सबसे पहले ख़ुद को रखना
तितली सी स्वछन्द लड़की बनना
महकना, चहकना, मीठे सपने बुनना
मनमौजी सी रहना, जी भर जीना
मुझसे भी चाहे माँ, फिर कभी ना मिलना।
दूसरों कि शर्तों से मत ड़र जाना
दु:ख, आसुओं तले अब मत दब जाना
झूठे रिश्तों के भंवर में मत फंसना
इठलाती लहरों में लेकर अपनी नाव निकलना
मुझसे भी माँ चाहे, फिर कभी ना मिलना।
मन अपना कभी ना मुरझाने देना
अपने सच में वहम आने ना देना
चाँद सी रोशन रहना, बिजली सी कड़कना
बच्चों कि सी हंसी लिए, फूलों से उलझना
मुझसे भी माँ चाहे, फिर कभी ना मिलना।
अब के राह किसी कि मत तकना
उमीदों का बोझ लिए ज़रा ना थकना
ख़ुद से ख़ुद कि उमीदें रखना
सुख कि स्याही से अपना जीवन हस्ताक्षर करना ।

इस दफ़ा सबसे पहले ख़ुद को रखना
मुझसे भी माँ चाहे, फिर कभी ना मिलना।

www.ingramcontent.com/pod-product-compliance
Lightning Source LLC
LaVergne TN
LVHW050828051026
849532LV00008B/3171
* 9 7 8 9 3 7 5 2 7 4 5 6 8 *